AFFAIRE

DE LA

LISTE DES RÉCOMPENSES NATIONALES

COMPTE-RENDU

DU

PROCÈS DES JOURNAUX

LE CONSTITUTIONNEL,
LES DÉBATS, LA PRESSE, L'ASSEMBLÉE NATIONALE,
LA PATRIE

POURSUIVIS PAR M. COFFINEAU, ANCIEN CONDAMNÉ POLITIQUE

ET ACQUITTÉS PAR LE TRIBUNAL DE POLICE CORRECTIONNELLE DE LA SEINE, EN DÉCEMBRE 1848.

PARIS

IMPRIMERIE DE GUSTAVE GRATIOT

11, rue de la Monnaie.

1849

PROCÈS

DE LA

LISTE DES RÉCOMPENSES NATIONALES

TRIBUNAL DE POLICE CORRECTIONNELLE

8ᵉ CHAMBRE

PRÉSIDENCE DE M. TURBAT

On se rappelle le bruit et le scandale qu'occasionna, aux approches de l'élection du 10 décembre, la publication dans les journaux de la Liste des récompenses nationales. Un procès, qui eut un grand retentissement, en fut la conséquence. Parmi les noms inscrits sur cette liste, on lisait : *Coffineau*, condamné *pour vol et association de malfaiteurs*, 500 fr. Le sieur Coffineau a porté plainte en diffamation contre cinq des journaux qui ont reproduit cette mention : le *Journal des Débats*, le *Constitutionnel*, la *Presse*, la *Patrie*, l'*Assemblée nationale*.

Aux questions d'usage que leur adresse M. le président, MM. Armand Bertin, Merruau, Neffzer, Garat et Pommier répondent en déclinant leurs qualités de rédacteurs en chef ou de gérants du *Journal des Débats*, du *Constitutionnel*, de la *Presse*, de la *Patrie*, de l'*Assemblée nationale*, et déclarent assumer sur eux la responsabilité des articles publiés par eux et incriminés par le plaignant.

Interpellé à son tour par M. le président, le plaignant déclare se nommer Jean Coffineau, être âgé de quarante-huit ans, et exercer la profession de marchand de vin logeur. Il se constitue partie civile.

Me MADIER DE MONTJAU, avocat du sieur Coffineau, déclare ne demander au nom de son client que les dépens pour tous dommages-intérêts, et l'insertion du jugement à intervenir dans chacun des cinq journaux mis en cause. Il développe ainsi ses conclusions :

Le procès que vous avez à juger est simple et ne comporte pas de longs détails.

Il y a quelques jours, les élections agitaient profondément notre société. Chaque journal avait son candidat de prédilection, son homme, son idole qu'il cherchait par tous les moyens possibles, à mettre en relief.

Or, Messieurs, *le Constitutionnel*, *la Presse*, avant tous, ont donné l'exemple des attaques dirigées contre les adversaires de la candidature qu'ils soutenaient. L'*Assemblée nationale*, après avoir longtemps hésité entre deux candidats qui lui paraissaient également dignes, où plutôt aussi peu dignes l'un que l'autre de la présidence, *la Patrie*, s'étaient groupées autour du plus fort bataillon, et défendaient avec *le Constitutionnel* et *la Presse* la candidature de Napoléon Bonaparte. *Les Débats* ont pris un rôle plus modeste.

Un nouveau moyen a été imaginé par les partisans de Louis-Napoléon, pour détruire la candidature du général Cavaignac. Je dois dire que ce but ne me répugnait pas, et j'entends par là que je voyais sans peine attaquer la candidature du général Cavaignac, et non pas que j'approuvais les efforts faits pour amener le succès de celle de Louis-Napoléon. On faisait donc arme de tout, et voici ce qu'était le moyen nouveau dont je veux vous parler.

Il avait été déposé dans les bureaux d'une commission de l'Assemblée nationale une liste de ceux qui, à vue de pays, avaient droit, à raison des persécutions par eux subies sous le gouvernement déchu, à recevoir des récompenses nationales. Cette liste était là ; on l'avait dressée et déposée sans qu'elle eût été soumise à aucun examen, à aucune discussion, et elle devait subir cet examen, cette discussion avant d'arriver au grand jour de l'Assemblée. Rien n'avait encore transpiré, quand on apprit tout à coup qu'une partie des noms portés sur cette liste, quelles que fussent les opinions de ceux qui y étaient désignés, quelle qu'eût été leur conduite politique, étaient indignes de tout intérêt, de toute estime, de toute récompense. Les uns avaient été condamnés pour attentat à la pudeur, les autres pour associations de malfaiteurs ; ceux-ci pour vols ; que sais-je ? même pour assassinat ! Et immédiatement les adversaires du général Cavaignac de s'exclamer.

Que M. Cavaignac se défende de ces attaques par lesquelles on veut le flétrir en arrivant jusqu'à lui à travers la mémoire de son père et de son frère, cela m'est tout à fait indifférent, et je ne m'en occupe pas. Que M. Marrast demande justice à l'Assemblée ou aux magistrats parce qu'on le compare aux voleurs et aux assassins auxquels on l'accole, cela m'est encore indifférent, et je n'ai pas davantage à m'en préoccuper.

Mais ce qui ne m'est pas indifférent, c'est ceci : c'est que pour arriver à M. Cavaignac et à M. Marrast, vous passiez sur mon corps et que vous fassiez litière de l'honneur d'un homme qui est étranger à ces luttes. Or, c'est ce que vous avez fait.

Sur cette liste, il est un homme dont je viens soutenir les intérêts devant vous, c'est le citoyen Coffineau. Depuis dix ans, il appartenait à l'école sociale des communistes. A ce titre, il était on ne peut plus suspect à la police du pouvoir que nous avons renversé en février 1848. Et puisque nous parlons de cette police, moi qui ai pour principe de respecter toute police qui existe, je puis bien dire que celle du pouvoir déchu a usé de procédés plus que vifs, de procédés répréhensibles, puisqu'on veut récompenser tous ceux qu'elle a frappés. Eh bien ! voici ce que faisait cette police. Tantôt elle inquiétait Coffineau en sa qualité de commerçant et à l'occasion de sa patente ; tantôt elle l'enveloppait, comme elle enveloppait Considère, qui, impliqué dans sept affaires de complots, finissait par n'être condamné qu'à trois mois de prison ; elle impliquait, dis-je, Coffineau dans des accusations politiques ; tantôt, enfin, elle le diffamait auprès de ses amis, en semant ce bruit, par exemple, que son dévouement était soldé dans la rue de Jérusalem, et qu'il fallait le renier et se défier de lui.

C'est sous le coup de ces manœuvres que Coffineau fut accusé de vol. On l'arrêta. Il était marchand de vin, il était logeur et quelque peu maçon. Comme logeur, il recevait dans son garni des hommes qu'il surveillait de son mieux. On devine ce que pouvaient être ces hommes, habitant un garni qui n'a aucun rapport avec l'hôtel Meurice. Quelques-uns avaient eu des démêlés avec la justice, et la police, reliant ces hommes à Coffineau, l'impliqua dans une poursuite dont le vol et le complot politique formaient le double titre. A côté de lui, on fit asseoir des voleurs, des faux monnayeurs. Coffineau protesta avec la plus grande énergie ; il offrit des preuves... N'importe, on le maintint au procès.

Je n'accuse pas les magistrats de cette époque, car je sais, moi qui ai vu des dossiers avant qu'ils soient arrivés aux mains des juges d'instruction, je sais comment la police les prépare avant de les envoyer ; et quels sont les mots qu'elle y glisse. Il fut donc maintenu ; mais la chambre d'accusation écarta le chef relatif au vol. Lui voleur ! Lui, à quarante-sept ans, l'accuser de vol ! Il protesta, je le répète, avec la plus grande énergie.

L'accusation de vol, je vous l'ai dit, avait disparu avant que le procès arrivât devant le jury, et cependant l'acte d'accusation, après avoir dit tout ce qui tendait à faire écarter l'accusation de la tête de Coffineau, termine par ces mots : néanmoins... On le maintient *néanmoins*. J'avoue que ce néanmoins est fort peu intelligible, en présence de ce qui précède.

Me Madier fait connaître les tendances politiques de son client, et rappelle qu'en 1847 il portait, dans un banquet, un toast *à la moralité publique , au dévouement!* Il donne ensuite lecture de l'arrêt par lequel on condamne à sept ans de détention Coffineau , comme complice d'avoir concerté entre plusieurs les moyens de renverser l'autorité royale.

Voilà l'homme que ces notes signalent à tout le monde comme un malfaiteur et un voleur.

Le grand général de la croisade entreprise contre M. Cavaignac, *la Presse*, puisqu'il faut l'appeler par son nom, s'exprime ainsi dans son numéro du 7 décembre :

« Or, sait-on quels personnages voulait pensionner M. Cavai-
« gnac aux dépens des contribuables ?

« On y voit figurer pour des sommes assez considérables et
« pour des pensions de 500 fr. les parents de l'assassin Fieschi,
« les fils de Pépin, Morey, la sœur d'Alibaud, celle de Lecomte,
« des individus condamnés à des peines afflictives et infamantes
« pour vols, associations de malfaiteurs et outrages envers la
« religion, les parents de Darmès, Henry, Barbès... »

Oui, Barbès ! s'écrie Me Madier de Montjau ; et si ce nom-là était seul, je défie aux plus osés de soutenir l'accusation dirigée contre les auteurs de cette liste. Je continue :

« Barbès et autres individus condamnés pour attentat à la vie
« des ducs d'Orléans, de Nemours et d'Aumale : ces individus
« figurent sur les états à côté des citoyens Armand Marrast, pré-
« sident de l'Assemblée; Bastide, ministre des affaires étran-
« gères; Trélat, Recurt, Flocon, anciens ministres; Boussy, Al-
« taroche, Bravard-Toussaint, James Demontry, Baune et vingt
« représentants. »

Et *la Presse* imprime la liste où je lis :

« Coffineau, condamné à sept ans de détention en 1837, pour vol, association de malfaiteurs et complots. »

La même mention se lit dans *la Patrie* et dans *l'Assemblée na-tionale*. Ce dernier journal parle d'échafaud !

L'échafaud ! Eh bien, tenez, puisque dans les causes de cette nature, dit Mᵉ Madier de Montjau, on est forcé de parler politique, je dis que ce journal donne envers certains hommes l'exemple d'une scandaleuse ingratitude ! Il ne faut pas leur reprocher de rêver incessamment le rétablissement de l'échafaud, quand le premier acte de leur pouvoir à été de le renverser.

Les *Débats* et *le Constitutionnel* ont fait comme les journaux dont je viens de parler ; je dois ajouter cependant qu'en publiant la liste des récompenses nationales, ces deux journaux se sont abstenus de commentaires.

A ces journaux nous disons : Vous avez accepté avec une légè-reté inqualifiable des renseignements informes, et vous les avez reçus d'une main qui a reculé devant les explications qui ont été demandées, car il s'agissait de quelque chose comme d'une violation du secret d'une lettre ; vous avez accueilli ces rensei-gnements, et sans les vérifier, vous les avez livrés à la publicité.

Vous avez jeté dans l'Europe entière le nom de Coffineau, dont vous avez fait un voleur. Libre à vous d'entendre à votre manière les immunités du journalisme, mais vous devez répondre du mal que vous faites en portant atteinte aux droits d'autrui. Ne vous étonnez donc pas si, moi, chétif grain de sable, que vous écrasez sous le char qui doit porter le triomphateur, j'élève des plaintes et vous appelle devant la justice. J'entends crier assez haut pour que le char s'arrête et que mes plaintes soient écoutées. Tant pis pour vous, si, à défaut de l'affection que vous nous refusez, nous sommes réduits à ne vous inspirer que le respect de la crainte.

M⁰ CAUVAIN, avocat du *Constitutionnel* et des *Débats*, prend la parole en ces termes :

Il s'agit, Messieurs, d'un procès non politique, mais judiciaire. Vous avez à examiner une question qui se rattache aux droits les plus essentiels de la liberté de la presse.

Des journaux ont publié un document politique qui a servi de base à une discussion parlementaire. Je soutiens que c'était leur droit comme organes de la publicité. M. Coffineau relève une erreur dans ce document : cette erreur, dit-il, lui est préjudiciable. Quelle est la réparation qui lui est due?

Cette réparation, s'il eût daigné la demander, ne lui aurait point manqué. Je le déclare au nom du *Journal des Débats* et du *Constitutionnel*, que je suis chargé de défendre, et je suis convaincu d'avance que les autres journaux en cause n'eussent point hésité à entrer dans la même voie; si M. Coffineau avait jugé à propos de faire rectifier une erreur dont il pouvait se plaindre, sa réclamation eût été admise sans difficulté. A propos de la publication du travail de la commission, plusieurs citoyens ont cru devoir offrir des explications. Les colonnes des *Débats* et du *Constitu-*

tionnel se sont ouvertes pour eux. Des lettres de MM. Altaroche, Bergeron, Lavaux, ont été insérées sans hésitation par tous les journaux.

C'est qu'en effet, à côté du droit incontestable du journal qui livre à la publicité un document parlementaire et politique, peut se placer le droit du simple citoyen qui reçoit une atteinte quelconque de la publication. Voilà l'origine du droit de réponse.

Si M. Coffineau, qui a été condamné pour complot, et non pour vol et pour association de malfaiteurs, bien qu'il ait été poursuivi et renvoyé en cour d'assises à raison de ces deux chefs d'accusation, nous avait fait l'honneur de nous écrire, nous aurions publié sa lettre, mais ce n'eût pas été le compte de M. Coffineau. Il y a toujours un grand fonds d'orgueil dans les conspirateurs : M. Coffineau qui est un conspirateur...

M. COFFINEAU, interrompant l'avocat, s'écrie avec force : Je n'ai jamais conspiré.

Me CAUVAIN. — Vous avez conspiré ; l'arrêt de la cour d'assises l'atteste. Pour effacer cette page de votre vie, il faudrait anéantir la magistrature, abolir la loi, briser les arrêts de la justice.

M. LE PRÉSIDENT TURBAT. — Vous pouvez ajouter, Me Cauvain, les décisions du jury.

Me CAUVAIN. — Oui, sans doute, du jury, qui n'aime ni les complots ni les conspirateurs. Je ne parle pas seulement du jury censitaire, mais du jury démocratique, qui sait aussi remplir son devoir avec fermeté.

Je reprends. — M. Coffineau, qui est un conspirateur, n'a pu se contenter d'une simple réponse... Il a fait un procès : il a été bien aise de se placer sur un piédestal et d'immoler cinq journaux à sa réputation ; c'est un intérêt de scandale qu'il poursuit en ce moment.

Sa demande doit être rejetée. En effet, les journaux n'ont fait qu'user de leur droit en publiant le travail des récompenses nationales.

Qu'était-ce, en effet, que le travail des récompenses nationales, et dans quelles circonstances a-t-il paru dans les journaux ?

On vous a dit que c'était une tactique électorale dirigée contre M. le général Cavaignac, et à ce propos on a tenté de faire de l'indignation au nom de ce candidat à la présidence. Je ne sache pas que mon adversaire (et ici je ne parle pas de mon honorable confrère M° Madier de Montjau, mais de son client) ait mission de le défendre. M. le général Cavaignac n'a pas besoin de tels auxiliaires. Ce n'est pas le parti qui lui prodigue chaque matin l'invective et l'outrage, qui l'appelle le Windischgraetz de juin, le bombardeur de Paris, le héros des fusillades, qui aurait assez d'outrecuidance pour reprendre la polémique de journaux tels que *le Journal des Débats* et *le Constitutionnel*, qui, dans leur discussion loyale et décente, savent, même en blâmant les actes d'un homme politique, respecter toujours sa personne.

Vous connaissez, Messieurs, l'histoire de la commission des récompenses nationales.

Le 19 septembre, M. Sénard présente à l'Assemblée nationale un projet de récompenses pour les hommes qui ont souffert sous la monarchie déchue pour la cause républicaine. Dans son exposé des motifs, il dit formellement que ce projet doit être l'homologation d'un travail préparé par une commission spéciale qui a examiné les titres des citoyens désireux d'obtenir de la munificence nationale, soit des grades dans l'armée, soit des décorations, soit des secours pécuniaires.

L'Assemblée nationale, saisie de ce projet, nomme dans son sein une commission chargée d'examiner deux choses : d'abord si le projet est bon en soi, ensuite, si le travail de la commission est bien fait. Cette commission est composée de députés de toutes les opinions. Son président, c'était un homme dont le nom seul était un gage de parfaite loyauté, notre ancien bâtonnier, M. Baroche.

La commission commence ses opérations : elle s'aperçoit que le travail du comité des récompenses ne lui a point été communiqué. Elle le demande, et ce travail lui est envoyé par M. Dufaure, successeur de M. Sénard.

Ce qu'était ce travail, le voici : Après la révolution, le Gouvernement provisoire avait déclaré en principe que des récompenses seraient décernées, non seulement aux combattants, mais à tous les individus qui avaient été persécutés sous le régime déchu. Une commission fut instituée sous la présidence du citoyen Albert, l'un des membres du Gouvernement provisoire, aujourd'hui à Vincennes. Les réclamations affluèrent. Il y eut un temps où les martyrs n'espéraient de couronne que dans le ciel. Les martyrs des révolutions ont des sentiments plus prosaïques. Ils ne sont pas fâchés, d'une part, d'être vivants ; de l'autre, ils sont tout disposés à s'accommoder des biens de la terre. La commission fit son choix parmi les victimes plus ou moins intéressantes de la monarchie. Plus tard, elle fut modifiée dans son personnel ; mais son existence légale n'a jamais été contestée.

C'est le travail de cette commission qui fut remis par M. Dufaure aux membres de l'Assemblée chargés d'examiner le décret des récompenses nationales. Quels ne furent pas l'étonnement, l'émotion, l'indignation de la commission de l'Assemblée en parcourant cette liste ! A côté des noms de républicains sincères et honorables, destinés évidemment à ennoblir cette étrange nomenclature, tels que ceux de MM. Marrast, Recurt, Bastide (qui n'avaient point très certainement demandé des récompenses nationales, puisque la nation les a déjà suffisamment recompensés), on lisait les noms de parents de régicides, de voleurs, d'abominables bandits. La nouvelle transpira : M. Dufaure, informé de la découverte, retira le projet de loi.

Mais l'Assemblée tout entière s'était émue. Plus de deux cents députés de toutes les opinions, de toutes les nuances, envahirent le local où la commission tenait sa séance. Le document fut lu avidement, copié par cent mains : c'est ainsi qu'il parvint aux journaux et qu'il fut publié.

Était-ce le droit des journaux? Mon honorable contradicteur le conteste. C'est une hérésie judiciaire et politique que je suis d'autant plus surpris de trouver dans sa bouche, qu'il est accoutumé à soutenir devant la justice des thèses qui ne pèchent pas par la timidité.

Les journaux peuvent publier les discours qui se prononcent à la tribune nationale. L'inviolabilité qui protége l'orateur, protége aussi le journal qui reproduit ses paroles. Il en est de même de tous les documents officiels qui doivent servir de point de départ aux controverses parlementaires. Ainsi, la presse publie, et jamais on n'a pensé à lui refuser ce droit, les correspondances diplomatiques, les pièces politiques, les documents de toute espèce communiqués par les ministres aux commissions de l'Assemblée. Or, le travail de la commission des récompenses est l'œuvre d'un comité légalement institué. Il a été communiqué par un ministre à une commission de l'Assemblée. Il appartient à la publicité et à l'histoire.

Cela est si vrai, que le lendemain ce document enfantait une des discussions les plus vives qui aient retenti dans l'Assemblée nationale. M. Cavaignac et M. Dufaure montaient à la tribune pour désavouer cette liste honteuse, pour déclarer à la face de la France et de l'Europe qu'ils n'en avaient jamais eu connaissance.

Nous n'avions pas besoin, quant à nous, de cette protestation. *Le Constitutionnel* et les *Débats* n'ont jamais dit, n'ont jamais cru que M. Cavaignac, que M. Dufaure, que M. Sénard connussent cette liste. Non ! des hommes de ce mérite et de cette valeur ne pactisent point avec des assassins ! Ils n'avaient point lu ce travail, où, à côté de noms honorables, on trouve l'écume, la lie, le *caput mortuum*, et, pour me servir d'un mot trivial, mais vrai, la *mauvaise queue* du parti républicain.

Mon adversaire nous accuse d'avoir manqué à la moralité politique ! Ah ! si le parti qui a l'honneur de compter M. Coffineau parmi ses adeptes trouvait un document pareil imputable au parti modéré, avec quel empressement, avec quelle joie il lui donnerait le jour ! Il est vrai que le parti modéré ne court à cet égard aucun péril. Le parti modéré ne conspire pas, n'assassine pas, ne pille pas, et c'est pour cela que nous nous félicitons de lui appartenir !

M⁰ CAUVAIN, abordant ensuite la question de droit, s'attache à démontrer que le fait dont se plaint M. Coffineau ne constitue point le délit de diffamation. La diffamation résulte de trois éléments dont la réunion est indispensable pour qu'il y ait délit. Il faut qu'il y ait : 1° allégation d'un fait qui porte atteinte à l'honneur ou à la considération ; 2° intention de nuire ; 3° publicité. Ici, la publicité se rencontre ; mais les deux autres caractères constitutifs du délit n'existent point. En effet, quant à l'intention de nuire, il est inutile d'insister. Il ne s'agissait point de prendre corps à corps M. Coffineau, d'attaquer sa personne. On ne le connaissait point et l'on n'avait d'autre but que la publication d'un document politique. L'allégation du fait n'est pas davantage imputable aux journaux; ce ne sont pas les journaux qui ont affirmé le fait inexact que M. Coffineau a été condamné pour vol et pour association de malfaiteurs, tandis qu'il ne l'a été que pour complot. C'est la commission des récompenses qui a fait cette erreur; c'est le ministre qui a livré ce document officiel à la commission; ce sont là les vrais coupables, s'il y en a.

Après l'examen de la question de droit, poursuit M° CAUVAIN, apprécions la situation morale de M. Coffineau.

A en croire son défenseur, M. Coffineau est une victime de la police. Communiste fervent, mais contemplatif, il a été impliqué à tort dans un procès politique. Qu'y a-t-il de vrai dans ces assertions ?

Il ne saurait être question de la police. M. Coffineau a été poursuivi et condamné par la justice. Et pour moi, je n'admettrai jamais qu'il y ait une justice de *la veille* et une justice du *lendemain*. La justice d'aujourd'hui est celle d'hier, et ses arrêts, quelle qu'en soit la date, méritent tous nos respects. Consultons donc avec confiance les documents que nous fournit la magistrature dans l'affaire des communistes-matérialistes où a figuré M. Coffineau.

C'était en 1846. Un jour, quatre jeunes gens commettent un vol. L'un d'eux est arrêté : on le conduit en prison. Chemin faisant, il détourne l'attention des agents de police et se fait sauter la cervelle. On apprend son nom : il s'appelait Eugène Gannay. C'était un ouvrier probe, laborieux, doué d'un caractère énergique (il l'avait prouvé par sa mort), d'opinions républicaines bien arrêtées. La justice poursuit ses recherches : les complices de Gannay sont découverts. On constate, non sans surprise, que ces *voleurs* mènent une conduite rangée et exemplaire, et que tous se distinguent par la ferveur de leur foi politique. L'un a fait partie de la *Société des Saisons*, l'autre a combattu dans l'insurrection du 12 mai 1839. Tous appartenaient aux sociétés secrètes qui subsistaient alors. Ils sont interrogés non par la police, mais par un magistrat, dans le cabinet d'un juge d'instruction, asile inviolable où la protection des lois est assurée à tous les accusés. En présence de la justice, ils réfléchissent ; ils songent à leurs femmes et à leurs enfants, ils se décident à faire des aveux sans réserve.

Ils racontent qu'ils ont été enrôlés dans la secte des *communistes-matérialistes*, qu'on leur a fait lire les écrits de socialistes exaltés, qu'on leur a inspiré la haine, non seulement du pouvoir, mais de la société ; que dans les conciliabules du cabaret on les a déterminés à combattre pour le renversement de ce pouvoir odieux et de cette société inique. Mais il fallait des armes, des matières incendiaires, des projectiles de toute nature; comment se procurer de l'argent, car les conspirateurs ont besoin, eux aussi, de ce nerf de la guerre ? Ils déclarent qu'on les a engagés à voler, à voler dans un but politique, à voler pour mettre en commun le produit des vols, afin d'acheter de la poudre et des armes avec le prix de ces rapines.

L'instruction marche : elle enveloppe dans la poursuite un certain nombre d'individus que des indices accusateurs révèlent à la justice. Parmi eux, elle atteint un homme qui s'est volontairement entouré de la plupart de ceux qui figurent dans l'instruction, nommant celui-ci *concierge* d'une de ses maisons, faisant des commandes à cet autre, menuisier de son état, logeant ce troisième, ouvrant sa maison et son cœur aux opinions et au personnel de la secte des communistes-matérialistes. Cet homme, cabaretier et logeur à la nuit, propriétaire, mais socialiste déclaré, fondateur du journal *la Fraternité*, c'est M. Coffineau.

M. Coffineau est renvoyé devant la cour d'assises par la chambre du conseil, sous une triple accusation : 1° complicité de vol; 2° association de malfaiteurs; 3° complot contre la sûreté de l'Etat. La chambre des mises en accusation écarte le premier chef : celui de complicité de vol; M. Coffineau paraît devant le jury comme inculpé d'association de malfaiteurs et de complot, le jury ne le condamne que comme coupable de complot.

Mais quelle était la nature de ce complot? il s'agissait de faire triompher les croyances des communistes - matérialistes; or, savez-vous quel est le programme de cette secte? Le voici, d'après un document judiciaire :

« *Le matérialisme* doit être proclamé, puisque c'est la loi in-
« variable de la nature sur laquelle tout est basé, et que l'on ne
« peut violer sans tomber dans l'erreur.

« *La famille individuelle* doit être abolie, puisqu'elle établit le
« morcellement des affections, rompt l'harmonie de la fraternité
« qui, seule, doit unir les hommes, et devient la cause de tous
« les maux qui peuvent les perdre.

« *Le mariage* doit être aboli, parce que c'est une loi inique
« qui rend esclave ce que la nature a fait libre, constitue la
« chair propriété individuelle, et rend par ce moyen la commu-
« nauté et le bonheur impossibles, puisqu'il est constant que la
« communauté n'admet aucune espèce de propriété.

« *Les beaux-arts*, étant en dehors de la nature et de l'homme,
« ne peuvent être acceptés que comme un délassement.

« *Les villes* doivent être détruites parce qu'elles sont un centre
« de domination et de corruption, etc. »

On saisit chez l'un des accusés de l'affaire des *communistes-
matérialistes*, les vers suivants :

Allons, enfants du gouffre immonde,
Le jour de gloire a lui pour nous,
Dieu détourne les yeux du monde,
Et l'orgueil se livre à nos coups ;
Portons au comble les délires
Qui fermentent dans tous les cœurs,
Et que les mains des crocheteurs
Tiennent le sceptre des empires.
En marche, noirs démons,
Formez vos tourbillons ;
Volons,
Hurlons,
Vous, saints clochers, forgez-nous des canons.

Pour que l'homme n'ait plus de maîtres,
Et reste enfin sûr de ses droits :
Des boyaux du dernier des prêtres,
Étranglons le dernier des rois !

. . . .

Voilà les hommes qui demandent l'abolition de l'échafaud !
Belle garantie, en vérité ! Comment ne pas se rappeler qu'au dé-
but de la révolution, Robespierre, lui aussi, demandait qu'on
supprimât la peine de mort !

Quant aux opinions personnelles de M. Coffineau, les documents du procès nous les révèlent. M. Coffineau cumulait : il
n'était pas seulement logeur à la nuit, il rédigeait le journal *la
Fraternité*. Voici ce qu'il y disait au sujet de la propriété. Je cite
toujours l'acte d'accusation :

« D'autres, plus amis de l'humanité qu'éclairés sur ce droit
« réel et véritable, ont admis et posé en principe de droit social,

« le travail comme donnant droit à la propriété. Erreur ! La terre
« ne peut pas être appropriée, sans que l'égalité entre les hommes
« ne soit rompue. Mais, dira-t-on, la propriété existe, et comme
« preuve de son droit, la sanction de tous lui est acquise et dé-
« montrée par le silence de tous. Qu'importe ! tous les hommes
« réunis n'ont pas le droit même conventionnellement de chan-
« ger un droit naturel et imprescriptible en un droit illégitime,
« prescriptible et de convention, parce que le consentement gé-
« néral ne peut détruire ce qui est juste et vrai, pour le remplacer
« par l'injuste et le mensonge, etc., etc.

« Que font les démocrates, quand la révolution du 10 août et
« du 31 mai leur met le pouvoir dans les mains ? Aussitôt ils in-
« vestissent le peuple de tous ses droits de citoyens.

« Voyez Robespierre, disons-nous, essayer d'asseoir l'égalité
« politique sur une organisation sociale qui permette l'entier et
« plein exercice des droits conférés par la constitution. Oubliez
« un instant le législateur entravé, etc., etc., etc., et vous le ver-
« rez alors, pour assurer la liberté de l'homme, préparer la ruine
« de la propriété individuelle. S'il respecte la propriété, c'est la
« mort dans le cœur et ce n'est qu'en présence des intérêts indi-
« viduels coalisés, des âmes de boue, qu'il s'arrête. »

M. Coffineau est communiste. Mais à quelle secte appartient-il ?
Est-ce un communioniste, un communautaire, un immédiat, un
égalitaire ? Il y a, Messieurs, des lieux où l'on avoue de telles
opinions et où l'on en tire gloire ! M. Coffineau est un commu-
niste-matérialiste.

En voulez-vous la preuve ? Je trouve dans les pièces du procès
une autorité que mon contradicteur ne saurait récuser, c'est celle
de M. Cabet, le grand hiérophante du communisme. Vous savez,
Messieurs, que le communisme se partage en deux branches prin-

cipales. L'une embrasse les *Icariens*, qui attendent de la discussion le triomphe de leurs idées et qui reconnaissent pour chef M. Cabet. L'autre renferme les impatients, les brouillons, les turbulents, qui veulent arriver à leur but par la violence. Or, dans un livre intitulé *les Masques arrachés*, M. Cabet excommunie M. Coffineau. Vous allez voir de quelles couleurs il le peint sous le pseudonyme de *Legrand*. ,

« Quoique sans talents et sans mérite, il (Legrand, c'est-à-dire « M. Coffineau) fait du mal, parce que sa profession *de cabaretier* « *et de logeur* à l'entrée d'un des principaux faubourgs, le met en « rapport avec une masse d'ouvriers, parce que son âge mûr, son « ton mielleux, son air bon homme, son apparence d'être plus « instruit et plus expérimenté, sa participation à beaucoup de co- « mités, ses relations avec beaucoup d'hommes politiques dont il « peut citer souvent les noms, lui donnent de l'influence sur cette « masse ; toutes les fois qu'il y a eu des délégués de quartier, il « s'est fait nommer par quelques hommes délégué du sien ; et c'est « ainsi qu'il s'est trouvé dans le comité de la réforme électorale, « dans le comité des secours pour les détenus politiques ; il était « aussi dans le comité de l'*Humanitaire*, il est partout avec les ré- « formistes, avec les communistes, avec les ultra-communistes. « Après avoir été un des fondateurs de l'*Humanitaire*, il vient, lui, « matérialiste déclaré, avec X, Y, Z, toujours pour nuire au *Popu-* « *laire*, de solliciter de MM. Derocins et Pecqueur, qui professent « le déisme, puis de MM. Proudhon et Villegardelle, de faire un « autre journal. »

Et savez-vous quel est l'individu que M. Cabet désigne par ces lettres X, Y, Z, comme complice des intrigues de M. Coffineau ? c'est un nommé Velleins (c'est l'acte d'accusation qui parle), condamné pour sa conduite honteuse par les tribunaux étrangers.

Tel est l'adversaire qui, je le répète, dans un intérêt de scandale, réclame contre cinq journaux une condamnation. Vous pouvez apprécier sa moralité d'après des documents incontestables, revêtus du caractère sacré de la justice, autorisés par le contrôle vigilant de la magistrature. M. Coffineau, au nom des prétendues persécutions qu'il a souffertes, a demandé une récompense nationale. La commission, peut-être sur ses indications, a commis une erreur involontaire. *Le Constitutionnel* et les *Débats* ont reproduit cette liste sans commentaires, sans réflexions. Ils offrent, par un scrupule de conscience, d'accueillir les rectifications de M. Coffineau. Telle est leur conduite dans cette affaire. A-t-elle besoin d'être justifiée ? Quant à moi, je n'hésite pas à réclamer l'acquittement des gérants de ces journaux, et, pour l'obtenir, je n'ai qu'à rappeler les antécédents de M. Coffineau, et qu'à faire appel à la justice du tribunal et à la pudeur de tous les honnêtes gens.

On a voulu que le procès soit un procès politique. Eh bien ! j'y consens. Oui, il y a ici deux partis en présence.

Il y a le parti des journaux que je représente, le parti de la modération et aujourd'hui le parti de la force, que six millions de suffrages vont inaugurer au pouvoir aux applaudissements de la France entière.

Il y a aussi le parti de M. Coffineau, le parti de l'anarchie et de l'agitation. Ce parti, nous le connaissons par le 15 mai, par le 23 juin, par les clubs, par les banquets, par les malheurs dont il nous menace. On vous a dit que ce parti, dévoré d'orgueil et s'agitant dans son impuissance, nous inspirait le respect de la crainte. Vous vous trompez ; il ne nous inspire que le mépris et que l'horreur.

Aussi, est-ce avec confiance que je m'adresse au tribunal pour lui demander de ne pas donner au parti de M. Coffineau, l'encouragement d'un succès judiciaire.

— Me LANGLAIS, dans une spirituelle plaidoirie, prend ensuite la parole pour M. Neffzer, gérant de *la Presse*.

Après avoir entendu quelques observations de Me Blondel, avocat de l'*Assemblée nationale*, et une réplique de Me Madier de Montjau, le tribunal a renvoyé à huitaine pour entendre les conclusions du ministère public.

A l'audience suivante, M. le substitut PUGET s'exprime ainsi :

M. Coffineau est partisan des grands moyens de réhabilitation. En 1847, condamné pour complot, lorsqu'il a eu obtenu sa mise en liberté après les événements de 1848, il a demandé une couronne civique, c'est-à-dire une pension, puis lorsque sa demande a échoué devant le retrait du projet de loi sur les récompenses nationales, quand il voit son nom encadré dans les listes publiées par les journaux, que fait-il! Il pouvait prendre la plume et rétablir dans ces journaux la vérité altérée : c'était un droit dont il pouvait user et qui était même dans les convenances de sa position ; il l'a dédaigné ce moyen, ce qu'il lui faut, c'est le débat solennel dont il prétend tirer une réhabilitation plus complète ; à ce certificat d'infamie qui lui est délivré par cinq journaux, il veut opposer un certificat de civisme résultant de l'extrait d'un arrêt pour complot, complot contre lequel il proteste. Après ce qu'ont fait connaître les défenseurs des journaux sur le respect qui est également dû à tous les arrêts de la justice, sans qu'on puisse distinguer entre la justice de la veille et la justice du lendemain, il est inutile d'insister devant vous. Les protestations de Coffineau tombent impuissantes devant l'arrêt qui l'a frappé. Il a prétendu se poser en victime... Qu'il subisse donc la conséquence de la chose jugée!

Son avocat voudrait soumettre à toutes les chances d'action publique ou privée les conséquences de la publication des documents
émanés de l'Assemblée nationale : ce serait aller contre l'esprit
de nos institutions.

Doit-on attacher une peine à leur publication ? Non, c'est le
travail d'une commission ; ces listes avaient reçu l'investiture du
Gouvernement ; sorties des bureaux de la commission, elles ont
passé dans les mains du ministre de l'intérieur ; puis des mains
du ministre dans les mains des membres de la commission de
l'Assemblée nationale, chargée d'examiner le projet de décret.

L'organe du ministère public discute ici la question de droit et la
résout contrairement aux conclusions de la partie civile. Il examine
ensuite dans quelles circonstances est intervenu contre Coffineau
l'arrêt de la cour d'assises.

Les faits révélés par le dossier criminel ne sauraient, à ses
yeux, concilier à Coffineau les sympathies du tribunal. Il conclut
au renvoi des fins de la plainte en faveur des cinq journaux cités
à la barre.

Après avoir entendu encore les répliques des avocats des par-
ties, le tribunal s'est retiré en la chambre du conseil.

Il rentre bientôt en audience publique, et **M.** le président Turbat prononce le jugement en ces termes :

« Le tribunal, après en avoir délibéré en la chambre du conseil,
« a rendu le jugement qui suit :

« Attendu qu'il est de principe que la presse a le droit de
« publier, pour les discuter, les documents officiels émanés du
« gouvernement, à la condition de le faire avec exactitude ;

« Attendu qu'il est affirmé et non dénié que les listes sur
« lesquelles figure le nom de Coffineau sont l'œuvre d'une com-

« mission instituée par le gouvernement, et qu'elles ont été
« adressées officiellement par le ministre de l'intérieur à une
« commission de l'Assemblée nationale chargée d'examiner un
« projet de décret;

« Attendu qu'il est affirmé et non dénié que les annotations
« qui suivent le nom de Coffineau ont été reproduites par les
« journaux incriminés avec exactitude, telles qu'elles se trou-
« vaient sur les listes dont il s'agit;

« Attendu que, dans ces circonstances, ne se montre, de la
« part des journaux incriminés, aucune intention de nuire, s'a-
« dressant directement à la personne de Coffineau;

« Par ces motifs, renvoie les gérants des journaux des fins de
« la plainte, et condamne le sieur Coffineau, partie civile, aux
« dépens. »

FIN.

Imprimerie de GUSTAVE GRATIOT, 11, rue de la Monnaie.